münchener lieblingsorte

DANIEL REITER UND PETER VON FELBERT

emons:

Neues Rathaus

Alter Hof

Ludwigstraße mit Blick auf die Ludwigskirche

Blick von der neuen Kunstakademie auf die Frauenkirche

Residenz

Ludwigskirche

U

Siegestor

DEM BAYERISCHEN HEERE

Philharmonie im Gasteig

Chinesischer Turm
im Englischen Garten

Brunnen am Geschwister-Scholl-Platz vor der Universität

Isarufer mit Blick aufs Volksbad

Kiosk an der Reichenbachbrücke

Getränkeauslage des Reichenbachkiosks

JIM BEAM
COLA
Bitburger
Original
BACARDI
BRYGG
PALMA CRISTAL
MISSISSIPPI
MUD
FAMOUS
BLACK & TAN
PORTER & PILSNER
BEER
CREW
MURPHY'S
IRISH RED
FLENSBURGER
PILSENER
SAIGON
ASTRA
Mythos
1543
PAULANER
Ritter Bier
Kellerbier
GINGER BEER
Welch's
CLUB-MATE
Cornetto
Kiosk der Stadt

Renaturierte Isarauen an der Reichenbachbrücke

Olympiasee, im Hintergrund der Olympiaturm

Allianz Arena

Allianz Arena

Sitzränge im Olympiastadion

Flughafen München, Terminal 2
vom Tower aus gesehen

Blick auf den Bahnhof von der Hackerbrücke aus gesehen

Brücke über den Mittleren Ring, im Hintergrund die Highlight Towers

HORROR PICTURE SHOW
THE DICTATOR MIB 3
WHITE
ROCK OF AGES ICE AGE 4

Museum Lichtspiele

Spraydosen eines Graffitikünstlers, Schlachthofviertel

belton
BLACK

LORD
Ambassador
LMC

Auer Dult

Kettenkarussell auf dem Oktoberfest

Schlachthofviertel mit Blick aufs Heizkraftwerk

Bräukessel Löwenbräu-Brauerei

UNSERE SPEZIALITÄT ZUM BIER
Spareribs € 11,50

Augustiner Biergarten

Pferdekutsche im Englischen Garten

5er-Looping auf dem Oktoberfest

ünchen
Olympia Looping

Ampelkunstwerk im Innenhof der Stadtwerke München

Maibaum auf dem Viktualienmarkt, Alter Peter und Rathaus

Obstauslage auf dem Viktualienmarkt

ANTICA
LLERIA FALORNI
GREVE IN CHIANTI
trinci
trinci
WoO
WoO
WoO
WoO
WoO

Auer Dult

TYHOTEL
LEIHHAUS
5
HOTEL
SCHILLER
5
HOTEL
City Hotel - München
HOTEL-GARAGE P
Handy & Uhren
An & Verkauf
TAUSCH · BUY · SELL · CHANGE
TAXI
HOTEL
CHANGE
Change
Schmuck
Leihhaus
TAXI
Sport-Café SCHILLER
Alle Sprachen
TAXI TAXI
GELDWECHSEL
CHANGE
WESTERN UNION
Pfand-
redithaus
IHHAUS

Schillerstraße

Schumann's im Hofgarten

Café am Hochhaus

Konditorei

Video Show
CASINO
GÜNTUR
REISEN
TURKISH AIRLINES
Lufthansa
Hapag-Lloyd
ÖGER
LTU OPTIMA
LAST MINUTE
ANGEBOTE
www.guentur.de
VULKAN
stern
Table Dance

Sündhaft

RUFFINI
RUFFINI CAFE

Kongressbar

Odeonsplatz mit Feldherrnhalle
und Theatinerkirche

Borstei

Türme der Frauenkirche

Frauenkirche von innen

Blick auf das Maximilianeum

Südfriedhof

Thailändischer Tempel im Westpark

Antiquarium in der Residenz

TIMETE
EUM

Südfriedhof

Monopterus im Englischen Garten

Glyptothek am Königsplatz

OSRAM

Müller'sches Volksbad

Jugendstilhaus an der Münchner Freiheit

Alte Pinakothek

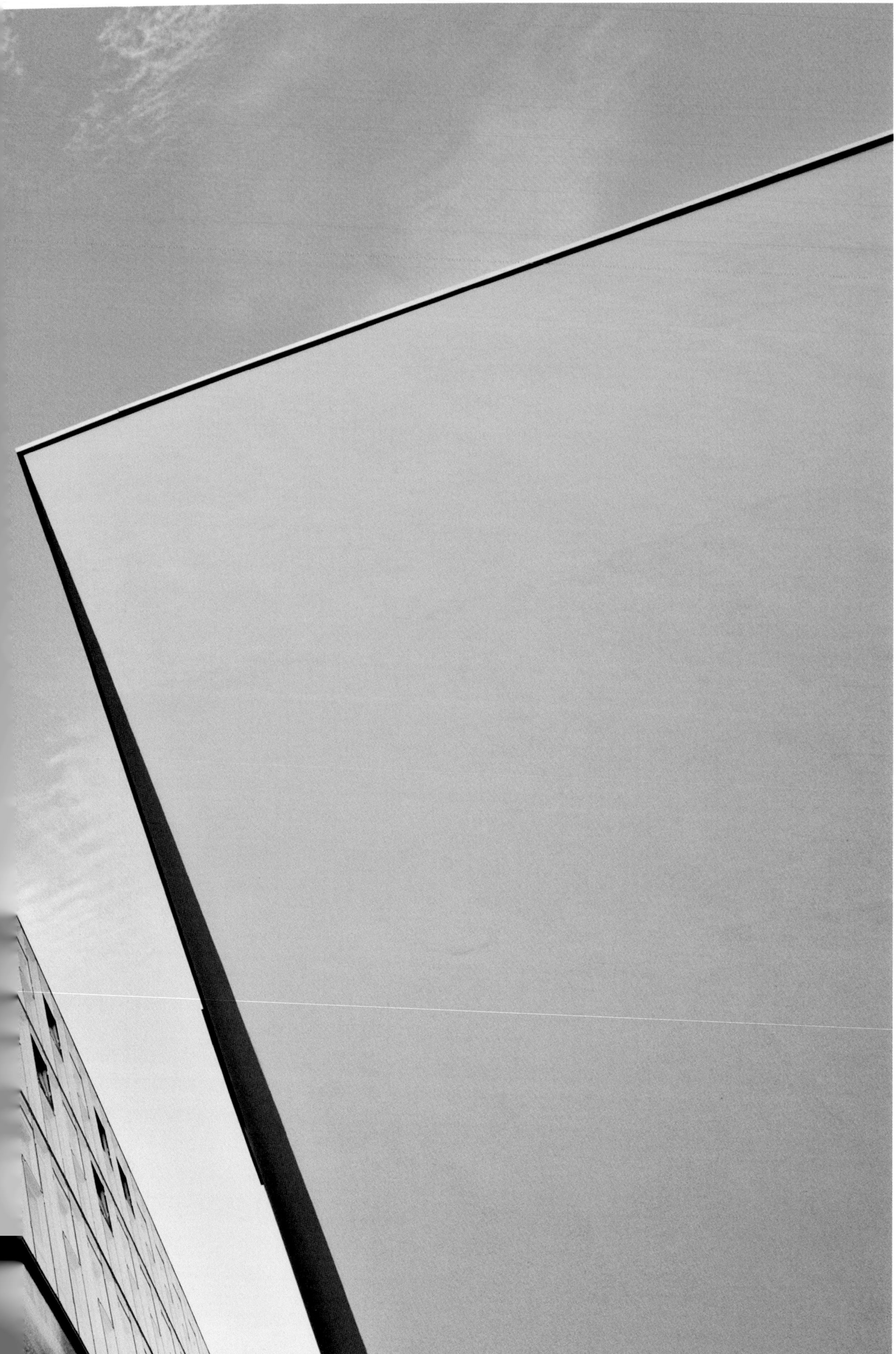

Hochschule für
Film und Fernsehen

U6
U3
Marienplatz

Angerhof mit einer Skulptur von Christopher Klein

Effnerplatz mit der Skulptur »Mae West« von Rita McBride

»Walking Man« von Jonathan Borofsky in der Leopoldstraße

Theresienhöhe mit einer Skulptur von Olafur Eliasson

Busbahnhof Münchner Freiheit

U
Münchner Freiheit

HF 31

Panoramablick über
die Altstadt von München

VOLKSBAD

Nymphenburger Kanal

Surfer am Eisbach

Surfer am Eisbach

Bibliografische Information der Deutschen Bibliothek
Die Deutsche Bibliothek verzeichnet diese Publikation in der Deutschen Nationalbibliografie; detaillierte bibliografische Daten sind im Internet über http://dnb.d-nb.de abrufbar.

Gestaltung: Tobias Doetsch, Berlin
Druck und Bindung: Grafiche Flaminia, Italy
Printed in Italy 2013
ISBN 978-3-95451-102-0
Originalausgabe